Lasse Los

Stillende Stille

Lasse Los, Jahrgang 1947, Diplompädagoge und Psychologe, Liedermacher und Dichtender, kurzum: Passionierter und mittlerweile pensionierter Mitmensch, beruflich in verschiedenen sozialpädagogischen und psychologisch beratenden Feldern, auch spirituell begleitend, kreativ tätig gewesen, seit etwa dreißig Jahren seine Lebensweisheiten (ver)dichtend aktiv.

In
der
stille
entfalten sich
alle grossen Dinge
von selbst

Thomas Carlyle

(C. Ingram: Leuchtende Präsenz, München 2003, S. 41)

Lasse Los

Stillende Stille

Gedichte und Wortbilder

Bibliografische Information der Deutschen Nationalbibliothek:
Die Deutsche Nationalbibliothek verzeichnet diese Publikation in der
Deutschen Nationalbibliografie; detaillierte bibliografische Daten sind im
Internet über http://dnb.dnb.de abrufbar.

© *2020 Name des Autors/Rechteinhabers: Lasse Los*

Umschlaggestaltung: Lasse Los
Edition LOS Band 14
lasselos@email.de

Herstellung und Verlag:
BoD - Books on Demand,
Norderstedt

ISBN: 978-3-7519-0276-2

Inhalt   Seite

(Elf Bände mit Gedichten, Briefen, Texten,
Wort-Bildern, Liedern, Musik-Text-
Collagen und Music-Textivals
zu verschiedenen
Themen)

Geleit

Das Abendland

*Das Abendland, es watet noch
im Abraum vom Systemgespül
im postmodernen Nachtasyl,
und wartet doch,
worauf denn bloß,
auf einen neuen Morgen?*

*Es lockt das alte Morgenland
mit seinem klaren Stillejoch,
aus dem so manche
Weisheit kroch.*

Das stille Wasser des Lebens

*Bei Burnout, jenem Riesenflop
ver-ein-sei-tick-ter Lebensweise
ist Krankenhaus nur Krisenstopp:
Der Start zur neuen Lebensreise.*

*Die Heilung suchst Du dort vergebens!
Denn was Dich heilt auf neuem Gleise,
das ist das stille Wasser des Lebens.*

In meiner Tönung Euch
servieren

Die
Welt habt
Ihr mir komponiert -
in Euren Kompositionen
als Klanggebilde mich geführt.

Ihr sollt` mich jetzt damit verschonen:
Ich will mich so nicht mehr vertonen.
Längst habe ich sie kom-pos-tiert.

Noch warte ich auf neue Klänge
und manch` ein aufrichtendes Wort
im hör-sturz-of-fe-nen Gedränge
des Lärmes, seinem Massenmord
der Stille, die kaum einen HOrt
mehr findet im Gelärm der Menge.

Der Kompost reift! Bald ist er gar!
Ich werde Neues kom-po-nie-ren
mit Klängen, die ganz offenbar bis-
her noch nicht ins LEBEN führen.

Ich werd` die Wege ausprobieren,
und was ich finde - Jahr für Jahr -
in meiner Tönung Euch servieren.

Vorwort

In diesem Gedichtband geht es um die heilende Kraft der Stille im Rhythmus ihres Viertakters: Still werden, in Stille sein, gestillt sein und stillend sein. Die ersten drei Takte führen tief in die stillende Stille hinein, im vierten Takt öffnet sich der in Stille Gestillte der Mitwelt und ihren vielfältigen Herausforderungen mit stillenden Lösungen.

Das Umkreisen des Stille-Themas mit Gedichten und Wort-Bildern führt mantramäßig zu manchen Wiederholungen, die auch zur Entschleunigung und dem meditativen Stillwerden dienen können.

Wer sich beim Lesen nur informieren und nicht auch in die Stille einlassen will, kann sie einfach übergehen.

Für den Stille Suchenden können sie aber recht hilfreich sein.

Damit die Gedichte zum Innehalten einladen, sind sie unter den jeweiligen Kategorien alphabetisch, nicht thematisch angeordnet.

Prolog

Still werden

In Stille sein

Gestillt sein

Stillend sein

Die Akzeptanz
geschenkter
Rast

Du läufst Dich
tot und merkst es kaum,
das lichte Morgenrot des Mit-
einanderlebens willst Du erzwingen.
Jedoch vergebens mühst Du Dich ab.

Du wirst es nicht erringen!
Du schlägst ihn tot,
den Lebensbaum,
der ohne Not
wohl nur
gedeiht im
Zwischenraum ent-
waffneter Verbundenheit,
jetztseits der Ver-füg-bar-keit.

Wenn Du Dich tot gelaufen hast, nach
Lebensbrot Dich dürstet, vielleicht
erfasst, in Ur-Distanz, Dich, was
Dir droht: Die Akzeptanz
geschenkter Rast!

Zeit-Raub

Und rauben uns die Zeit,
die wir so dringend brauchen:
Die stille Zeit, die lausch-aktiv gestillte,
in der wir weit nach oben tauchen
in sprudelnde Gefilde
des J A – um – J A
ohn` jedes Wenn-und-Aber.

Jetztseits leben

Jetzt-
seits leben!
Ach, so vielen
wäre es gegeben!
Wenn sie sich
nicht
mehr verspinnen, mehr verkleben würden, seitwärts,
zeitwärts sich verdünnen, abwärts rinnen,
ohne zu gewahren, was
sich innen in
der Stille
ihnen
offenbaren
könnte, wenn
sie es nur ließen,
was da sprießen will und
sich erheben: Jetztseits leben!

Wahres Glück - Stilles Glück

Ich gebe doch und gebe doch
und kriege nie genug zurück!
So mangelt es mir stets an Glück.
Was ist das für ein Leidensjoch?

Du sagst mir, meine Sicht sei stur,
auf das mir Mangelnde fixiert.
So käme ich nie auf die Spur,
die mich zum wahren Glück hinführt.

Ich müsse für den Umkehrblick
mich öffnen, um nun zu gewahren,
wie sichtverzerrt ich mich verfahren
auf meinem Weg zum Geber-Kick

in meiner Selbst$_{ent}$täuschungskur,
zu geben, nur um zu bekommen,
was ich auf dieser Ego-Tour
für mich so alles vorgenommen.

Allein im Umklärblick präsent sein
und so im Leben ein Präsent sein,
für mich und auch für meine Mitwelt,
schenkt jenes Glück, das still sich hält.

Still werden

Der Lärm ist laut!
Die Stille ist lauter!

Lasse Los

Absonderliche
Abgesondertheit

Wir

scheitern

alle, irgend-

wann, doch

wenn

wir

dann

nach Tränen-

schwall und Trauertal

gestillter in uns gehen,

gewahren wir vielleicht,

wie durch das Scheitern

die Lücke sich vergrößert hat,

die Lücke im Gemäuer unserer

absonderlichen Abgesondertheiten

und so der Ausstieg vorbereitet wird

in ein befreienderes Offensein.

Anbiete Dir doch eine Zeit

Anbiete Dir doch eine Zeit

im Jetzt und Hier,

in der Du Dich,

ganz innerlich,

im Neben-Dir

ein - bet - test

zum Lauschen,

zum Gewahren,

bis es Dich fasst

in Deiner Hast,

und sie Dir birst,

Du neu gebettet wirst

in größerer Anwesenheit.

Bemüher-Fron und

Jetztseits-
Klang

Im
Jetztseits
schon der volle Ton!

Doch diesseits im Gegebenen
auf jenem Weg der Strebenden
verhindert die Bemüher-Fron:

Ein(-)Lauschen
auf den Jetztseitsklang,
ein Auftanken im Stillenden
am Aus- der- Stille- Füllenden
zum Leben in dem Höchsten Rang.

Das Leben sei mir ein Präsent

Ich kann es nicht mehr hören,
das alltägliche Schnattern.
Es will mich nur betören
mit immer gleichem Rattern.

Ich werd` mich distanzieren
von eingefleischten Gattern.
Ich will nicht mehr logieren
bei jenen Lebens-Cuttern,

die mich im Kern beschneiden.
Ich brauche Raum und Stille.
damit es sich erfülle,

was mir durch alles Leiden
ansichtig wird und transparent:
Das Leben IST mir ein Präsent!

Der Wille zur Stille

Der
Wille zur Stille
beruhigt
die
Sich-
tenbrille.

Einsicht-Kur

Es fällt noch schwer, mich einzulassen
auf Stille, die mir Ruhe schenkt.
Noch will ich selber sie erfassen!
Noch werd` ich durch mich selbst bedrängt!

Doch diese Einsicht hilft mir nur,
wenn ich sie stets von neuem schaue
und innehalte, ihrer Kur
mich eine Zeitlang anvertraue.

Und dabei deutlicher gewahre,
wie oft ich mich doch selbst betrüge
mit der von mir geglaubten Lüge,
mich ohne Schwere einzulassen

auf Stille, die mir Ruhe schenkt.
Noch will ich selber sie erfassen!
Noch werd` ich durch mich selbst bedrängt!
Doch diese Einsicht hilft mir nur

...

(Endlosgedicht)

Eventduell

Eventuell
entscheid` ich mich
im herrschenden Eventduell
für jenes stillere Event
entgegen
allem Modetrend
zum Grellig-Schrillen-Lauten.

Halt` an!

Halt` an!
Kehr` ein! Gewahre!
Und es ersteht Dir
ein Geschehen,
ganz nebenbei,
wie aus Versehen!
Und es geschieht
Entscheiden-
des!

Heitere Gelassenheit

Die heitere Gelassenheit
kannst Du Dir selber nicht erringen.
Gibst Du Dich frei und lässt ihr Zeit,
wird sie sich Dir von selbst darbringen.

Denn sie ist eine Königin,
lässt sich nicht funktionalisieren.
Als selbstbestimmte Schenkerin
will sie sich selber präsentieren.

Tritt sie in Deine Kreise ein,
ist es ihr eigenes Geschenk.
Halt ein und stille Dein Gezänk!

Sie schenkt Dir Dein Gelassensein!
Empfange sie mit Achtsamkeit:
die heitere Gelassenheit.

Hören mit dem dritten Ohr

Geh` höher, mein Gehör, und
lausch` gesungenen Obertönen.
Hier hör` ich den Naturklang pur.
Sein Zauber wird mich nun verwöhnen
und wird mich tief in Einklang bringen
mit hei-len-der Ge-las-sen-heit.

Mein Ur-Eigenes wird erklingen,
stiller Jubel mich durchdringen.
Freudig will ich mit ihm singen
in wachsender Zufriedenheit.

(Nach einem Obertonseminar)

In den Sinn kippen

Gewahre jede falsche Sicht
als falsch! - Und sie zerbricht!
Sie löst sich auf und schmilzt dahin.
Du kippst in den befreiten Sinn
im achtsamen
Gewah-
ren.

In der Hektik hausen

Diese feinen Wohlstands-Christen
sind noch nicht `mal in der Lage,
Drei-Minuten-Schweigefristen
einzuhalten ohne Klage.

Hüs-

telnd

protestieren sie

auch

bei

kurzen

Schweigepausen,

fürchten Stille-Energie,

weil sie in der Hektik hausen.

Wie woll`n sie die Mitte finden,
die aus tiefem Schweigen quillt,
wenn sie sich nicht daran binden,
was sie nur im Schweigen stillt,
wenn sie sich nicht überwinden
hin zu dem, was schweigend gilt.

Jetztseits, stumm,
in Freund-
lichkeit

Ein Olivenhain
lädt mich täglich ein
zum erneuten Meditieren.
Schenkt mir seinen Sonnenpfad
und sein stilles Weggeleit,
mich je neu zu orientieren.
Schweigend in Ergebenheit
wartet er mich und die Saat
in meinem wachen Sinnen.
Wartet, ob sie Keime hat,
wartet das Verrinnen
solcher nichtsnutzigen Zeit:
Jetztseits, stumm, in Freundlichkeit!

(In Limone am Gardasee, Sommer 1995)

KEINFACHES GEWAHREN

Das Denken hat sich ausgedacht!

Das Offenbaren ebbt ins Ende!

In dieser größten Zeitenwende

erscheint uns in rastloser Nacht

in aller Rettungslosigkeit

das keinfache Gewahren,

das Alles uns aufklaren

kann, wenn wir dazu

bereit uns finden,

Abschied nehmen

vom Bisher, Stille-

werden Mehr+Mehr, uns

im Jetztseits wiederfinden,

im Gewahren uns entbinden von

überholter Glaubenslehre, uns mit

offeneren Rinden neu wappnen gegen

unsere Kehre ins endgültige Verschwinden.

Lärm und Stille

Lärm ist laut!
Stille ist lauter!

Oder:
Lärm läutet!
Stille läutert!

Oder:
Lauter Lärm läutet!
Lautere Stille läutert!

Oder:
Läutender Lärm ist laut!
Läuternde Stille ist lauter!

Oder:
Lauter Lärm ist laut und läutet!
Lauter Stille ist lauter und läutert!

Löcher
im Lärm

Löcher im Lärm,
Oasen der Stille.

Lausch` einfach hin.
Es fällt der Wille
der Sichtenbrille.

Es blüht der Sinn.
Welch` ein Gewinn!

Meditation konkret

Auf den
täglichen Wegen
ab und zu in-ne-hal-ten,
einfach dasein und gewahren:
A L L - T Ä G L I C H E S
im   All-täg-li-chen!
H E I M K E H R
INS
KONKRETE

Mein alltägliches Fest

Festgebucht
zwischen den Terminen:
M e i n all-täg-li-ches F e s t,
mein Gang durch Feld und Flur,
mein Wandeln durch den Wald,
mein Lauschen und Gewahren
ohne Absicht, ohne Wertung
und Erwartung auf Jenes,
worum es eigentlich
sich dreht,
worin
ich
ver-
bindlich
gefunden bin.

Ruhe(-)statt in Stille

Sie beginnt zu meditieren,
um in Stille sich zu führen
und will doch nur Ruhe finden,
sich in Stille nicht entbinden
von den eingefleischten Krämpfen
aus manch` überlebten Kämpfen,
will in Ruhe sich verschließen,
statt in Stille neu zu sprießen
aus gestilltem Ruhe-Halt
in Durchkreuzung
des Versehrten
hin zur
eig`nen
Plus-
Gestalt,
durch die
Kreuzigung
der Spaltung in den
Stand der Vollgeleerten
in der Auferstehungshaltung.

Schweigen

Schweigen
taut
das Eisig-Laute
und
läutert die Erläuterungen
und
läutet die Erleuchtung ein.

Stille

Und wenn
der Macher warten muss,
macht Stille ihn nervös!

Und wenn der Warter
warten darf,
macht
Stille generös.

Umgang mit
Verstim-
mung

Sich weder

auf Verstimmung stimmen,

noch sich ihr entgegen stemmen

und auch nicht vor ihr verstummen,

sondern achtsam sie gewahren,

ihr Verstimmtes aufklaren,

um es sich zu ersparen

und sich nicht in ihm nur

auf verstimmungsvoller Tour

selbstverstimmt zu verfahren.

Verlangsamung

Behindert die

Beschleunigung, sie

hindert ur-menschliches Streben.

Sie treibt Euch in Entwirklichung

und preist es noch als bess`res Leben.

Was hilfreich ist und lebenswert,

zeigt sich erst in der Achtsamkeit

und in Verlangsamung von Zeit.

Weihnachten

Schau an!

Sieh` da! Es ist soweit!

Die stille, ach so stille Weihnachtszeit

bricht wieder an! Doch hören wir

die Stille nicht! Wir haben sie

geblendet, uns taub gemacht,

jetzt rächt sie sich und lacht

und lacht uns dröhnend

aus. Doch kümmern

wir uns darum

nicht.

Auch

wenn die Welt

im Chaos schwimmt:

Hauptsache, unser Feeling stimmt

und unsere weihnachtliche Glut

im Ansturm der Geschenkeflut.

Wer rastet, der rostet?

„Wer rastet, der rostet!"
hat man ihm einstmals eingebläut.
Er weiß heut`, was es kostet!
Er hat`s geglaubt und hat`s bereut.

„Wer hastet, der rostet!"
nachdem er sich den letzten Rest
gegeben hat in seiner Hast.

Wer aber rastet, rüstet sich
stets auch in Ruhepausen ein
und richtet sich in Stille auf
zum nächsten Sprint durch`s
antastbare Leben.

Wunsch nach Stille

Ein-ge-
kes-selt von belanglos
schwätzenden Zeitgenossen,
wünsche ich mir
oft eine
klappenlose
Gesellschaft.

In Stille sein

In der Stille sind wir am wenigsten allein

Lord Byron

(C. Ingram: Leuchtende Präsenz, München 2003, S. 47)

DAS ist

Stille ist Lehrerin

Leere ist Stillerin

Lasse Los

Arie des Gewahrens

Halt` an!
Halt` ein! Erfahre,
was Dich stets weitertreibt.
Sei einfach DA
und
gare
in dem,
was einverleibt.

Lass es geschehen, gewahre,
was Dich ins Jetztseits hebt,
ins   lichte   Offenbare,
aus dem sich alles
webt.

Werd`
wach und klar, erspare
Dir all` Dein Eigenstreben
nach selbstgefachtem Beben.

Sei einfach DAnk und wahre
Dein antastbares LEBEN
als längst schon
freigegeben!

Befreiendes Gewahren

Ich stelle mich daneben
und schau` mir alles an:
Wem soll ich mich ergeben?
Was schlägt mich jäh in Bann?

Was sucht mich zu umgarnen
und kreist mich schleichend ein?
Wovor soll ICH-MICH warnen,
um nicht sein Knecht zu sein?

Dies alles und noch mehr
entdecke ich im Schauen.

Es steigert mein Vertrauen
und fördert den Verkehr
mit mir und jener Welt,
die sich mir zugesellt.

Bewertungsentwerter

Ent-
werte
all` Deine voreiligen
egozentrischen Bewertungen
im Bewertungsent-
werter
der
Stille
durch
Gewahren.

Bewusstheit und Bewusstsein

Und bin ich im Zyklon-Event,
in dessen Mitte still präsent,
gewahre aus der Mitten-Stille
das um mich tosende Gebrülle,
ist es mir nunmehr evident,
was man die Bewusstheit nennt.

Doch richte ich mein Augenmerk
jetzthier als des Bewusstseins Werk
auf einen Ausschnitt im Geschehen,
wird mir Bewusstheit schnell verwehen.

Den Ausschnitt sehe ich nur noch
begrenzt durch`s fokussierte Loch.
Bewusst ist mir nur, was ich sehe,
und wenn ich mich nun darum drehe,
reißt es mich ins Zyklon-Event,
in das, was man im Alltag kennt.

DA - im - NU

Ich saß mit meiner Frau beisammen.
Wir tranken Nachmittagskaffee.
Mein winterliches Grippe-Weh
wollt` mich ins Kranken-
bett verdammen.

Geschwächt ließ
ich sie einfach stehen,
die all-täg-li-che Lebenswelt.
Und es geschah ein lichtes Wehen,
zerblies, was sonst den Atem fällt.

Es lichtete mich ein Erstaunen, in
dem ich - wachgeküsst - mich sonnte,
gebettet wie in weiche Daunen, so-
dass mich Angst nicht packen konnte.

Es zerrte Zeit nicht mehr an mir!
Ich atmete die Offene Weite, in
dem geschenkten Jetzt-und-Hier,
das insgeheim mich einweihte
in das, was in ihm mich befreite
aus aller Trance alltäglich ver-
gitternder Zersplitterung.

Das dritte Ohr

Das Denken ist der Präsident
im Jetztseits hier beim Aufklaren.
Doch über ihm thront das Gewahren,
die Kaiserin, die ihn benennt
zum Dienst in ihrem Reiche.

Das Denken führt zur Aufklaerung.
In seiner denkenden Bewährung,
da sichert es so manche Deiche
uns gegen ungeklärte Fluten.

Doch das nur-denkende Gebaren
ganz ohne achtsames Gewahren,
es lässt das Leben ausbluten.

Das Denken wird Dich nicht betören,
wirst Du mit Deinem dritten Ohr
Dich öffnen für das LEBENstor
und dann die Kaiserin erhören.

Das GANZE gewahren

Eingeboren in buntes,

gleichnishaftes Farbenspiel

im Innen und im Außen,

gewahren wir das Ganze

nur im Vortritt aus

der Farbenpracht

ins

EINE LICHT

diesseits von aller

prismatischen Gestaltung.

Der-
Eine-Geschmack
umfassender PRÄSENZ

Es schenkt sich im Präsent(-)sein Dir der
Vorgeschmack des Einen-Geschmackes.

Und mit dem wachgeschärften Gaumen
verkostest Du die Lieblingsspeisen
und bist befremdet und erschrocken:

Das Wohlig-Süße schmeckt jetzt
bitter und manches Bittere
wird Dir süß.

Es
dürstet
Dich nach dem
Geschmack des Einen, nach
dem Geschmack umfassender PRÄSENZ.

Der Weg des Gewahrens

Ich halte einfach inne und gewahre,
was ich im Alltag eigentlich erwarte,
und wie ich werte, was ich so erfahre,
begrenzt durch meine eigene Sichtenscharte.

Ich halte weiter inne und gewahre,
nun möglichst ohne Erwartung und Bewertung,
wie ich im Alltag meistens mich verfahre
in ego-verzerrter Welt-Verehrung.

Ich lasse mir die Alltags-Trance durchbrechen.
Noch kleb` ich treu am Nichtig-Wichtigen.
Ich lass` mich der Verfehlung bezichtigen.
Den Star verfehlter Sicht lass` ich mir stechen.

Im Innehalten und auch im Gewahren
vollzieht sich Wandlung und ich komme an.
Ein Ungenanntes schützt vor den Gefahren,
mich neu zu betten in meinem Ego-Bann.

Ich komme an im tieferen Gewahren,
in jener angebotenen Präsenz
der inneren immanenten Transzendenz.

Sie schenkt sich mir, sie will mich ganz durchgaren,
bis ich durchlichtet bin und - transparent
für Transluzenz - mich lebe als Präsent.

Die Dinge lassen

Die

Dinge

lassen und

überschreiten,

gezogen hin …,

gefunden von …!

DU BIST schon DA

DU BIST schon DA, Du brauchst Es nicht zu üben.
Es geht allein darum, dass Du es schaust
und nicht versuchst, Dich übend aus dem Trüben
herauszufischen, denn auch so verbaust

Du Dir den Zugang zu der lichten Einsicht,
die Dir den Blick in Dein-Präsentsein wendet,
so dass im Nu Dir traute Trübnis endet,
Du transparent bist für das EINE-LICHT.

DU BIST schon DA, Du brauchst es nicht zu werden.
Was in Dir werden will, ist Transparenz
für jene tragik-tragende PRÄSENZ,
die Dich durchlöst in all` den täglichen Beschwerden.

DU BIST schon DA! Kannst Du es denn erhören?
Bist Du erwacht und ruhst im stillen Lauschen
und spürst den Irrtum: Dein-Dich-Selbst-Berauschen
mit Werde-Willen und übendem Betören?

Durch`s Kreuz der Wandlung

Dein
Weg durch`s
Kreuz der Wandlung
verendet Dir am Nullpunkt
im Stillstand
aller
Handlung.
Du bist ins
Nichts getunkt!

Es sterben Deine Welten!
Was stets noch trug, es wankt!
Was stets nur Trug, es krankt!
Was soll Dir jetzt noch gelten?
Was Dich bisher betankt?

Die Marter lässt Dich
schmorren! Ach, Du
vergehst Dir bald!
Und wirst doch
neu geboren,
vom Ursprung
schon erkoren,
in lichter Plus-Gestalt.

Dein Weg durch`s Kreuz der Wandlung
vollendet sich im Kreuzpunkt in Stille.
Alle Handlung ist Dir Ins-
Jetzt getunkt.

Einkehr – Einsicht – Umkehr

Einkehr, um sich

Einsicht zu gönnen und

Umkehr zu gewinnen.

Einkehr um

Einsicht zu gewahren und

Umkehr, um in neuer Sicht zu garen.

Erschau_{er}t

Nach einer Weile in der Stille

zerfiel ihm seine Sichtenbrille.

Und jäh erschaute er die Fülle

der WIRKLICHKEIT

ganz ohne Hülle.

Entleere meinen Kelch von dem Gelärme

Ich stell` nichts dar und will auch gar nichts darstellen!

Mit Eurer Welt werd` ich mich nicht betrügen!

Ich sperre mich nicht ein in Eure Zellen,

um mich in ihnen mit Freiheit zu belügen.

Repräsentant will ich bei Euch nicht werden!

Was sollte ich mit Euch auch präsentieren?

Ihr

seid dabei, Euch munter zu gefährden,

die Heimat im Konkreten

zu verlieren.

Entleere

meinen Kelch

von dem Gelärme,

mit dem Ihr

Eure

Leere

überdröhnt.

Und aus der Stille,

ersprudelt eine Therme:

Ich bade, genieße ihre Wärme,

die mich im Lärm mit Wohlklang versöhnt.

(geschrieben an Silvester 1999)

Es
fallen
mir die Brillen

Es fallen mir die Brillen,
die meine Weltsicht stillen,
so dass ich nicht erblicke,
wie ich bisher so ticke.

Es schmelzen Glaubenssätze,
die mich in Schutzhaft hielten,
im Banne ihrer Netze
DAS
LEBEN
mir verspielten.

Mit ihrem stets gezielten
bekennenden Geschwätze
den Musterblick verwischten
und musterblind mich aufmischten.

Es
hilft Dir
nur die Achtsamkeit

Du solltest Deine Seelenschmerzen
nicht voreilig betäuben.

Und gegen den Verriss im Herzen
sollst Du Dich auch nicht sträuben.

Es hilft Dir nur die Achtsamkeit,
das wertfreie Gewahren.

Es zeigt Dir, wo Du Dich verfahren
und löst in Dir den alten Streit.

Es

winken noch

ganz andere Weiten,

die sich in Stille

vorbereiten!

Gekrönt

Was mich an Dir so faszinierte,
hat sich ganz still davongeschlichen.
Was mich zu Dir hinzog, verführte
mich, doch ist es jetzt gewichen.

Stille ist nun eingekehrt
in das Beben der Gefühle.
Ich gewahre - tief geehrt -
uns gekrönt in dem Gewühle.

Gekrönt mit königlicher Würde
der herzgestützter Menschlichkeit,
die uns verbindet und befreit:

Die eigene mitmenschliche Bürde
nun wechselseitig mit-zu-tra-gen
in lichten und in finsteren Tagen.

Gewahrensweg

Ich gewahre:

Wie es in mir sich verwohnt.

Ich gewahre:

Wie es sich in mir entthront.

Ich gewahre:

Wie`s sich neu in mir vertont.

Ich

gewahre:

Es hat sich gelohnt!

Gewahren

Nicht ergreifen, sondern er– reifen!

Lasse Los

Im Plus-Fluß

Im authentischen Gewahren
schmilzt Dir eisiges Gebaren,
alles nur bei Dir zu halten,
zu verwahren, zu verwalten
und Dich darin zu
erkalten.
Und
es waltet
Dir ein Tauen,
und es weht Dich
ein Vertrauen an
und nährt Dich,
lehrt Dich Schauen
und Be-grei-fen,
lässt Dich reifen,
klart Dich auf
und geleitet
Dich in den
Plus-Fluß,
der Dich
weitet und
begleitet im auf-
lichtenden Gewahren.

Im Stille-Tempel tanken

Hältst Du im Leben mal nicht Schritt
und kommst somit auch aus dem Tritt,
brauchst Du kein Loch, um Dich zu flüchten.

Das sanfte Joch, Dich aufzurichten,
ist Dir ursprünglich eingeschrieben,
hat man es Dir auch ausgetrieben.

Es ragt in Dir und sucht die Stille,
betäubt Dich arg das Weltgebrülle.
Du brauchst kein Loch, um hinzuflüchten,
vielmehr den Ort, Dich aufzulichten.

Es ist der Ort, DICH-SELBST zu sichten,
den Streit in Dir zuerst zu schlichten,
um dann gestillt die Kraft zu tanken
für einen tieferen Halt im Danken.

Ins Fluchtloch huscht noch jeder Trampel,
wird doch nicht still im Fluchtgehampel,
verstrickt sich weiter noch im Krempel!

Du aber tankst im Stille-Tempel!

In der Stille

In der

Stille wird das Harte

und das Grelle in Dir laut,

das Du meist nach außen trägst,

weil`s Dir vor ihm in Dir graut.

In der Stille wird das Harte

und das Grelle in Dir weichen.

Lässt Du es gewahrend sein,

wird es sich davon-

schleichen.

In der Stille

In

der Stille

der Besinnung

quillt

Dir

stillende

Gesinnung.

Individuation

Das

vermeintlich

sichere Leben als

zu tiefst halbiert gewahren

und im abgespaltenen Beben

des Verdrängten leidvoll garen.

Mit Bewusstheit aushalten,

wenn sich Schatten integriert,

und geläutert neu gestalten,

was zum Ganzen-

Leben führt.

Jetztseits neu belichtet

Jetztseits ist Dir schon vergeben!
Was Du auch zerbrochen hast,
nichts bleibt länger an Dir
kleben, lässt Du Dich
in stiller Rast.

Du wirst
Deine Brüche spüren, die
Dich mit der Welt verbinden.
Tiefe Reue wird Dich rühren,
sanftes Heilen Dich entwinden
Deiner eigenen Selbstverhöhnung,
die Dir kaum erlaubt zu leben
und Dich heilsam einzuweben
in not-wendende Versöhnung.
Nur versöhnt und aufgerichtet
wirst Du Dich nicht
mehr verbraten.

Kehr` ein in Stille

Halt` an den Lauf und kehre ein in Stille, die
Dich umfängt, durchdringt und Kraft Dir schenkt.
Sie löscht Dir alle Sucht, die Dich verrenkt
und löst Dir die verfärbte Sichtenbrille.

Sie nimmt Dich an die Hand, Du überschreitest
mit ihr die Grenze unserer Alltags-Trance.
Von Dir Entlobtes, gescheitert im Schrei-Test,
erhält in Stille stets eine neue Chance.

Krampflos ergeben

Mein Auszug aus der Haftanstalt
des allumfassenden „Um zu ..."
geschieht ganz sanft, ohne Gewalt
und ohne einen Ausbruchs-Coup.

Die stillen Wasser zeigen sich:
Sie unterspülen all` mein Haften.
Die Haftanstalter beugen sich.
Sie können mich nicht mehr verkraften.

Um zu besteh`n in ihrem Sinn,
werd` ich in Stille aus-quar-tiert.

Abwerf ` für sie nicht mehr Gewinn,
weil ihr „Um zu" mich kaum noch führt.

Ich werd` mich krampflos nur ergeben
dem haftentlassenen Weiterleben.

Mitten-
mäßig in der Stille

Mittenmäßig in der Stille,
in dem klarenden Gewahren,
jetztseits des Vermittelnden,
immer bloß Eventischen,

Die
PRÄSENZ:
ICH BIN Präsent!

Musterbewusster

Mir werden meine Muster,
in denen ich mich lebte,
an denen ich noch klebte,
im Augenblick bewusster.

Sehnend

Ich
spüre oftmals
J E N E S   L E B E N,
das mir vom   Ursprung her
versprochen.   Doch lass` ich
mich mit ihm   erheben, wird
mir mein   *Ego-*   gestochen.
Star
Und ich werd`   sehend und
ich schaue: Wie   ich bisher mich
falsch gesehnt, nicht ins
Acht-Achtel mich
gedehnt.

Wie
in der
Zwo-Drei-
Achtel-Klaue ich
mich verschanzt gefangen
halte, mein Leben nur verengt
gestalte im temperierten Zwo-Drei-Achtel.

Steile Stille

Und in der Mitte der Geschichte,
in der die steile Stille steht,
um die sich rund um ihre Dichte
lebendiges Geschehen dreht,

verharre ich und tank` die Stille
und lausche dem, was mich durchschwingt,
der kreischenden Weltenfülle,
die vielstimmig ihr Lied mir singt.

Ich lass es singen, lass mich schwingen
und schaue an, was mich verbandelt
und lass den Zeugen in mir ringen,
in dessen Sicht es mich verwandelt.

Stille im ZENtrum

In
den
Zyklonen
Deines Lebens schweigt
Turbulenz im ZENtrum nur.
Im Kreisen auf der
Turbotour
suchst Du
die Stille stets
vergebens.

Stille Präsenz
als stillendes
P r ä s e n t

Unsichtbare
stille Präsenz,
in der alles ruht,
aus der alles kommt,
in die alles fällt,
leuchtet in Dir auf,
stillend als Präsent.

Stillendes

Befreiungs-

fest

Soviel woran Du leiden könntest,

wenn Du Dir nicht den Zugang gönntest

zur STILLE, die tief IN-DIR west,

Dein Leid tilgt, wenn Du IN-DICH gehst

und sie IN-DIR gewähren lässt

als stillendes Befreiungs-Fest

von dem, woran Du ständig leidest,

weil Du soviel im Leben meidest,

mit dem Du Dich doch nähren könntest,

wenn Du Dir solchen Zugang gönntest.

Was

der Verstand

nicht

versteht

Dein Verstand
soll nicht verschwinden!
Zwingst Du ihn, wird er Dich binden,
und Du wirst DICH-SELBST nicht finden.

Dein Verstand soll einfach schweigen!
Dann nur zeigt sich Dir DEIN-EIGEN
und wird jenes überwinden:
Die Herrschaft des
Verstandes.

Weg in die Präsenz

Und wenn ich innehalten will und lauschen:
Dem, was sich mir jetzt im Präsenten zeigt,
erhebt sich in mir erst einmal ein Rauschen.
Es aufbegehrt, bevor es in mir schweigt!

Was mich auf Trab hält, was mich täglich treibt:
Es will sich nicht so einfach nur ergeben.
Bei mir ist es erfolgreich einverleibt,
bestimmt in vielem mein Streben und Erleben.

Doch wenn ich mich jetzt schweigend ihm entziehe
und lausche, was mir Schweigen offenbart,
entdeckt sich mir die volle Gegenwart,
der ich im Alltag meist doch nur entfliehe.

Die Gegenwart enthebt mich allem Trendigen
im Jetztseits ihres stillen Ur-Lebendigen.

Wenn Du

gerade

bist

Im

Gewahren

dessen,

wie Du gerade bist, zeigt sich

Dir schon

bald,

wer Du

wirklich bist,

wenn Du gerade bist.

Gestillt sein

In
Stille geleert
In
Leere
gestillt

Lasse Los

Aus UR-Gründen gespeist

Ein Nachttraum ließ mich heftig beben
in düsterer Angst und lichtem Glück.
Sein plusgekreuztes Tiefenweben
ließ mich im Offenen zurück.

Ich schaute wie ein Heilungswillen,
ein sanfter aus dem Hintergrund
hervor quoll, um die Welt zu stillen
mit kunterbuntem Schmerzensschwund.

Er bot sich allen Wesen an,
sie zu verbinden, zu durchdringen
in liebestrunkenem Mitschwingen.

Ich ließ es zu und mir zerrann
mein trennungssüchtiges Gehabe,
mit dem sich stets das Ego preist.

Und ich genoss die Liebesgabe,
die sich aus Urgründigem speist,
im Hintergrund, im Hirtengrund.

Berufung

Berufen findest Du Dich vor
als des Präsenten Transformator.
Du bist in der Präsenz gekrönt,
sollst Dich nun transformieren lassen.

Im Denken ist sie nicht zu fassen,
weil sie in einer Weise tönt,
die alles Denken transzendiert,
indem sie dieses integriert
und überschreitet im Gewahren
mit wachem Ohne-Wenn-Und-Aber
und ohne denkendem Gelaber:
Im stillen Schauen des Offenbaren.

Das Denken hat sich ausgedacht!
Wer ihm verfällt, ist schnell verkracht
in einer Denker-Existenz,
die ihm die Lebensfarben stiehlt,
weil es ihm Grau-in-Grau befiehlt
mit aller Haftungskonsequenz.

Doch auch das Glauben ist verfehlt,
weil es die Farbigkeit verhehlt,
sich meist nur einfarbig gebärdet
und so die volle Licht-Präsenz
in ihrer Farben-Transparenz
verzerrt, verkümmert und nicht erdet.

Denn nur das keinfache Gewahren,
das stille Schauen des Offenbaren,
enthüllt im Schweigen Transzendenz
in ihrer lichten Transparenz.
Das Leidvolle, es wird durchlichtet.
Du wirst in ihm nun aufgerichtet
als transformierte Existenz,
in der das Nichtige geschlichtet
in plusgestaltiger Präsenz.

Das offenbare Geheimnis

Es ist an sich nicht zu erkennen,
was man An-Sich erkennen will.
Es sei denn, man wird In-SICH still
und lässt es sein, SICH zu benennen.

Jäh zeigt ES-SICH ganz unverhofft,
durchlichtet die Erkenntnistrübe,
so völlig anders als man`s oft
erwartet bei dem Stillgeübe.

Durchkreuzt
ist der
Er-
kenntnis-
wille.

Die Sehnsucht
schweigt. Sie ist erfüllt.
Es aufersteht aus tiefer Stille
das O f f e n b a r e, dessen Fülle
im Schleier SICH nur selbst enthüllt
als o f f e n b a r e s G e h e i m n i s.

Den letzten Fragen

Im
schweigenden
Vermummen geht es den
letzten Fragen in
ihrem EI-
genbrummen
an den Kragen:
Sie verstummen!

Der Wirt der Stille

Der Wirt der Stille öffnet Dir,
schenkt   Dir   Besinnung   ein.
Er wartet ab,   bis es Dich würgt,
Du den Gesinnungsbrei erbrichst.
Er wartet Dich, bewirtet Dich,
doch wertet er Dich nicht.
Und er erwartet nichts
von Dir! Er
schenkt
Dir
Stille
ein. Bis
Du gestillt,
gekräftigt bist,
sich Dir die immer
gleichen   Fragen   als
schon beantwortet vertagen.

Es schwillt die Stille

Es schwillt die Stille

Es schweigt der Wille

Es schmilzt die Hülle

Es stillt die Fülle

Ein-Halt

Halt an! Halt ein! Erfahre!
Die Welt gibt keinen Halt!

Halt an! Halt ein! Gewahre!
Was Halt gibt, wird nie alt!

Halt an! Halt ein! Aufklare,
den Halt, der sich Dir zeigt!

Halt an! Halt ein! Und gare
im Halt, der in Dir schweigt!

Halt an! Halt ein! Gewahr` es bald:
Was kommt und geht,
gibt keinen
Halt!

Angesicht gewahren

Wer

sein Angesicht gewahrt,

braucht es nicht

mehr

zu

wahren,

sein Gesicht.

ANGESICHT

Gesicht wahren

GEWAHREN

LASSE LOS

Gewahrungsoffenbarung

Wer sein Hirn sich selbst verdreht
und verschließt vor dem Geheimen,
wer sich selbst nur zugesteht,
sich die Welt zurecht zu reimen
nach den messbaren Daten
ohne Rücksicht auf Erfahrung,
wird, so abgeschirmt, entraten
der Gewahrungsoffenbarung

Im Gewahren in der Stille
löst sich auf, was geistig bannt.
Es zerfällt die Sichtenbrille
und so manche Nebelwand.
Und es lichtet sich die EINSICHT
in das Leben, WIE ES IST,
wenn das Ungenannte einbricht
in den zerebralen Zwist:

Selbst das Hirn sich zu verdrehen,
zu verschließen dem Geheimen,
selbstisch darin zu vergehen,
sich die Welt zurecht zu reimen
nach den messbaren Daten
ohne Rücksicht auf Erfahrung
solcher EINSICHT im Entraten
der Gewahrungsoffenbarung.

Wer sein Hirn sich selbst verdreht,
sich probiert am Geheimen,
wer sich selbst daran vergeht,
dieses sich zurecht zu reimen
mit den religiösen Paten
und es preist als Offenbarung
ohne Rücksicht auf Erfahrung,
wird - so eingefärbt - entraten
jener EINSICHT, dieser klaren,
in Gewahrungsoffenbarung.

Heimkehr zum Ursprung

Ich kehre heim zu meinen tiefsten Wurzeln,
die ins Gewahren des Präsent(-)seins führ`n.
Die andressierten Sichtprogramme purzeln.
Sie werden ihre Deutungskraft verlier`n.

Es reicht nicht aus, die Farben nur zu seh`n
und sie in ihrer Farbigkeit zu preisen,
wenn man nicht weiß, dass sie aus Licht besteh`n
und deshalb über sich hinaus verweisen.

Der Ursprung aller Farbigkeit ist Licht!
Und ihn will ich im Farbenrausch gewahren!
Ich will mich nicht in Farbigkeit verfahren,
damit mir mein Präsent(-)sein nicht gebricht.

In farbiger Präsenz zeigt sich der Ursprung:
Das Licht in Transparenz mit seinem Urschwung.

IN DEM MOMENT

In dem gedehnten MOMENT
hab` ich Dein WESEN erschaut
in all` dem lärmenden Event.

ES war mir im Moment präsent,
hat mir den Eiskönig getaut,
den mir mein Ego auferbaut.

ES war für mich ein Ur-Präsent.
ES hat Dich jäh MIR anvertraut,
um all` das, was Dich von DIR trennt

und Dich noch vor der Zeit ergraut,
zu stoppen gegen solchen Trend,
in dem nur Nichtiges sich braut.

**In
der
stillen
Präsenz**

In der stillen Präsenz
tauchen alte Wunden auf.
Doch, oh Wunder, die Präsenz
stillt Dir Deine Schmerzen,
heilt die Wunden aus,
wird Dir so zum
Präsent.

In Freundschaft eingesegnet

In mir ertönt
ein Herzensklick,
der mir bei Dir geschehen.

Genährt durch manchen Augenblick
im lichtenden Verstehen, durchlöst
er mir die Sicht auf Dich,
besänftigt die Gefühle.

In mir erhebt die Freude sich,
die stille, aus der Kühle
alltäglicher Betäubung.

Lauschenden
Auges schau ich Dich,
lichten Sinnes gewahre ich:

Wir sind durch Licht-Bestäubung
in wahre Freundschaft eingesegnet,
als wir uns in der Kur begegnet.

In Stille gestillt

Im
Lärm erlahmt.
In
Stille
gestillt.

Jetztseits angekommen!

In mir schweigt es wunderbar!
Kein Gefühlssturm treibt mich um!
Und ich fühl` mich rund und klar,
meine Sehnsucht, sie bleibt stumm!

Ich durchschreit` ein Stunden-Paar,
in dem ich Durchlösung spüre.
Und es ist mir offenbar,
dass ich jetztseits mich nicht führe!

Ich vertrau` dem Ungenannten,
in dem ich mich wiederfinde,
dem ich herzwärts mich verbinde.

In dem Kreis der All-Verwandten
bin ich endlich aufgenommen:
Ich bin jetztseits angekommen!

Leben als Geschenk gewahren

Am meisten beschenkst Du mich,

wenn Du nun Dein Leben endlich

als Geschenk an Dich gewahrst

und es Dir nicht mehr ersparst,

unter all` dem Alltagsdeuten

es als solches ein-zu-läu-ten,

als Geschenk es zu erproben,

vorne, hinten, unten, oben,

als des Alltags Plus-

Gestalt

in

noch

zu

erkundender

und

auch zu umrundender

Lebendigkeit in Lebensvielfalt.

Das Paradies

In tiefer Stille offenbarte sich
mir, was selten ich gewahrte:
Das Paradies ist HIER-IM-JETZT.
Nur ist es nicht In - Zeit vernetzt.

Es west im Jetztseitigen an, stets
frei vom Raum- und Zeitenbann und
schenkt sich doch in Raum und Zeit
als AN-TEST-BA-RE E-WIG-KEIT.

Und ich gewahr` es hinter Mauern!
Es sucht vor mir sich zu verschliessen!

Um ego-frei in ihm zu spriessen, muss
ich noch manches Tief durchtrauern,
in meinen Illusionen sterben,
um MICH-IM-PARADIES
zu erben.

Präsenz gewahren

Das

Gewahren

des Präsenten in Allem

ist das Gewahren

des Präsentes

in Allem.

Reines Gewahren

Und nähert sich
und nähret mich
und mähet mich
ab und säet neu
mich aus nach
karger Ernte
im reinen
Gewah-
ren.

Stillende Präsenz

Und die stillende Präsenz
schaut Dich an, voll Erbarmen.
Es zerbricht in ihren Armen
Deine Fluchten-Turbulenz.

In der stillender Präsenz
schaust Du Dich durch ihre Augen,
die nur für die Liebe taugen,
für den Sound der Transzendenz.

Und die stillende Präsenz
lässt Dich Wirklichkeit gewahren
als Präsent des Offenbaren.

In der stillenden Präsenz
wirst Du selber transparent
und durchlichtet als Präsent.

Stillender Traum

Vor dem
Lärm im Gedärm
der gemeinsamen Welt
fliehe ich im Traum als Wurm,
such` im Wurmfortsatz die Stille.

Totenstille
aber
stinkt!

Ich
verlasse
diesen Ort und
gerate an den After,
werde einfach ausgebürgert
in ein ungeheuerliches
neuerliches Leben.

Stillgewacht

Still - gewachtes   Dankes - Hauchen:
Schweigend durch die Bilder tauchen,
bis die Bilder selbst nun schweigen,
vor Gewahrendem sich neigen,
und in lichter Transparenz
aus den Schwei-
ge-
W-
ellen
steigen.
Jäh trifft Dich
mit Vehemenz die
ALL-EINE UR-PRÄSENZ!

Unsichtbare
stille Prä-
senz

Un-
sichtbare
stille Präsenz,
in der alles ruht,
aus der
alles kommt,
in die alles fällt,
leuchtet in Dir auf,
Dich stillend als Präsent.

Ver_{hei}landete Antworten

Waches Fragen, stilles Lauschen
möchte ich mir stets bewahren.
Und ich möchte es nicht tauschen
gegen die vermeintlich klaren
Antworten, die schon gegeben
als Verkleidung für ein Leben
im Beantwortbaren.

Der Versuch der Antwortfindung
endet meist im Glaubenskampf,
in parteiischer Verbindung,
in dem voreiligen Krampf,
Sicherheitsbedürfnissen
in geistigen Zerwürfnissen
Vorrang zu verschaffen.

Ich verweig`re mich dem Glauben
an verheilandete Antwort,
lass` die Fragen mir nicht rauben,
lausch` so lang` in einem fort,
bis ein Lichtendes sich rührt
und mich hin zur Einsicht führt
in gelebtes Leben.

Waches Fragen, stilles Lauschen
möchte ich mir stets bewahren.
Und ich möchte es nicht tauschen
gegen die vermeintlich klaren
Antworten, die schon gegeben
als Verkleidung für ein Leben
im Beantwortbaren.

verstummt-gestimmt-gestammelt

in den stallungen der welt
verstummt

in der
stille des gewahrens
gestimmt

mit
der stimme
der stille
gestammelt

Was mich stillt

**Was mich stillt,
singt in der Stille:
Eine leuchtende
weiche Fülle!**

Worum geht es eigentlich?

Frage-Tour,
Stur-in-Spur, nach
dem Warum im Drum-Herum.
Und es dröhnt schweigende Verhöhnung.

Frage-Kur,
Spur-in-Spur,
mit dem Worum
des Drum-Herum.
Und es tönt stillende
Versöhnung.

Stillend sein

Viertakter des Waehrenden

Ge-
wahren

Gewahrtes
gewaehren

Gewahrtes und
Gewaehrtes bewahren

Gewahrtes, Gewaehrtes und
Bewahrtes bewaehren

Auf- und Abwarten

Auf-
warte Dir
das
Leben und warte es nicht ab.
Doch warte ab und zu
mal ab
in wacher
Achtsamkeit,
um zu gewahren, wie das Leben,
das Dir in allem aufgegeben,
sinnvoll zu warten ist.

Bewirten

Sich
vom Wirt der Stille
bewirten lassen
und
als Wirt
der Fülle
andere be-
wirten.

Das EINE in der Sprache

Das EINE - immer unaussprechlich -
kommt nur zerbrochen uns zur Sprache.

Der Einbruch aller Sprache rächt sich:
Es zeigt sich nur zerpflügte Brache!

Uns bleibt jedoch kein anderer Weg,
woll`n wir im Schweigen nicht verharren.

Der mitmenschlliche Sprachensteg
hilft mit, als Mensch nicht
zu erstarren.

Der Menschen-MENSCH

Die
Brechung
jener einheit-
lichen Licht-
natur
ins vielfältig Spektralige mit ihrer Einzigartigkeit,
ihren Möglichkeiten und Fähigkeiten, in der
Begegnung mit anderen spektralig
Einzigartigen die Einheit
ganz bewusst zu
gewahren,
sich in ihr zu
erfahren und sie
miteinander zu leben.

Doppelte Selbsttranszendenz

Und über mich hinausschreiten!
Bei der Sache sein!

Und in Ruhe gewahren,
wie ich tue, was ich mache,
wenn ich jetzthier bei der Sache bin!

Ein Warter sein
oder:
Kampf und Kontemplation

Nur präsent sein, gar nichts tun,
wie ein Sparschwein in sich ruhn.
Warten: Was wird angespart,
jetztseits, in der Gegenwart.

Im präsenten Ur-Vertrauen
in den dunklen Spiegel schauen.
Warten, bis Verblendung bricht,
jetztseits, im vereinten Licht.

Sich dem Umkehrblick ergeben
für ein ungezinktes Leben.
Jenes als Präsent gewahren,
trotz der weltlichen Gefahren.

Sich als Plusgestalt erheben
für ein aufrichtiges Leben
und in diesem ein Präsent sein
gegen allen Augenschein.

Nun P/p/räsent sein, gar im Tun,
wie ein Sparschwein in sich ruhn.
Warten, was da angespart,
jetztseits, in der Gegenwart.

Gelingendes Leben

Das Notwendige tun!
Nicht weniger, nicht mehr!
In Stille sein im Ruh`n.
So läuft nicht viel verquer.

In wahrer Fülle steh`n
und sich an ihr erfreu`n.
Die Warenfülle scheu`n.
So ihrer Wucht entgeh`n.

Die Wesen liebend schau`n.
Sich ihnen zuwenden.
Dem Miteinander trau`n.
In ihm nur sich verschwenden.

Im Sterben sich ergeben
DEM, was im Schwinden bleibt,
dem LEBEN im Leben,
das zeitfrei einverleibt.

Glau-
ben-s-Leben
des
Anarchen

Wartend Waltendes gewahren
und gewahrend
und
wartend im
Waltenden mitwalten.

ICH BIN DAnk

Und
das Raumgenebelte,
an die Zeit geknebelte,
lichtet sich urplötzlich auf
im verhornten Tageslauf.

Und der Raum IST zeitbefreit.
Alle Zeit IST Ewigkeit.
Weiß mich
NUN
nicht mehr im Willen,
Mich-mit-Mir-Zeit abzustillen.

ICH BIN DA und ich bin Dank,
schenke mich als Lebenstrank
denen, die sich un-ge-ne-sen,
selbst noch nie IM-LICHT gelesen.

Ich bin nicht da, um zu ...

Euch HEIM-
zuleuchten bin ich da,
nicht aber um zu glänzen.
Doch leuchte ich Euch dann nur heim,
wenn ich ganz EINFACH DA BIN:

Ganz einfach nur

<pre>
            p
            r
            ä
    P r ä s e n t
            e
            n
            t
</pre>

Und nicht um zu ..., noch nicht einmal
um Euch jetzt heim zu leuchten.
„Um zu" poliert es einfach weg,
das transparente Leuchten.

„Um zu" hat nur den Einen-Zweck,
um sich zu kreisen, um zu glänzen.

Ich leb` nicht
mehr ver-
gebens

Ich
brauche
das Event nicht mehr,
das laute, grelle, schrille.
Ich lebe längst schon in der Umkehr
zu dem Präsent(-)sein aus der Stille.
Und ich entzieh` mich dem Verkehr,
der reizbetonten Völlerei,
verzichte auf Event-
verzehr und lebe
mich im
Allerlei
präsentgestärk-
ten Lebens. Und leb`
nicht mehr vergebens im
sinn-ge-trübt E-ven-ti-schen.

Kreisel des Präsent(-)seins

präsent sein,
das LEBEN im Leben als
präsent gewahren, sich in ihm als
präsent/Präsent erfahren
und in ihm,
aus ihm,
mit ihm
im Leben
ein Präsent
sein.

Leere·Liebe·Integral

Lasse Los

Liebe-Leere-Integral

In Stille sich leeren
In Leere sich stillen
mit Liebe

In Liebe leben
Die Lehre weben
in Stille

Die Lehre lehren
Die Lehre leben
in Liebe

Liebe

sagt: Ich bin alles!

Weisheit sagt: Ich bin nichts!

Zwischen beiden

fließt

D A S

L E B E N

Nisargadatta Maharaj

Ora et Labora modern

Lass Dich
doch einfach ruh`n!
Entscheidendes geschieht
ganz ohne Dein Zutun.
Es tönt ein Anderes-Lied.

Du wirst es nur gewahren,
wenn Du jetzt innehältst
und Dich dem Offenbaren
der U r - Vertonung stellst.

Dein-altes-Um-Dich-Kreisen
wird Dir beim wachen Hören
vergehen und verwaisen und
Dich nicht mehr betören.

Und in dem Neuen-Klingen
such` Dich ganz aufzurichten.
Du darfst das Lied mitsingen.
Die Welt wird sich Dir
lichten.

Erst jetzt
sollst Du gestalten,
was zu gestalten ist, erst
jetzt Dich mit entfalten
in allem Lebens-
zwist.

Präsent(-)sein

In
heilsamer
Stille präsent sein
Des
heilsam
Stillenden
Präsent sein

Präsent(-)sein als Wirt
der Stille und
der Fülle

präsent sein:

Sich vom
Wirt der Stille
ohne Erwartung,
ohne Bewertung und
ohne Befürchtung
bewirten lassen.

Ein Präsent sein:

Als der
Wirt der Fülle
ohne Erwartung,
ohne Bewertung und
ohne Befürchtung
bewirten.

Präsentalität

Weil der Mensch in seiner Fülle
bisher nicht erschienen ist,
sondern nur in neuer Hülle

Altes weiterlebt im Zwist,
kann man aus Vergangenheit
in die Zukunft nichts verlängern.

Drum sei wach und sei bereit!
Kehre um zu den Empfängern!

Sie gewahren, was uns einlädt,
tief im Jetztseits noch verborgen,
jene   P r ä s e n t a l i t ä t
für ein menschlicheres Morgen.

Im Präsentsein ein Präsent sein
richtet auf in allen Sorgen!

Präsent-Event

Gewahre nun und werd` präsent.

Bin ich Im-Jetzt, erstirbt die Welt
mir als Event mit allem Glück
und allem Elend.

Es stillt mich mein Gewahren:
Ich sterbe mit!

Es kehrt der Blick sich um.

Ich schaue mich und alle Welt
als ein Präsent,
erhebe mich in ihr sogleich
und bin Präsent-Event
für Dich, für mich,
für alle.

Stille
Freude
stellt sich ein

Stille Freude stellt sich ein,

lockt Dich in ihr Stillesein,

tränkt Dich an dem Freudenquell

und enthebt Dich dem Gestell

Deines fremdbestimmt zentrierten

und am Sachzwang orientierten

Handelns, um Dich zu beweisen

auf den vorgegebenen Gleisen

unserer wucherwahnverführten

Kahlfraß-Wohlstands-Kultur.

Tetrataker des Gewahrens

Gewahre jetztseits EINFACH DAS.

Gewaehre Einlass diesem Gast.

Bewahre, was Dich DA erfasst.

Bewaehre es trotz aller Hast.

Viertakter

In Stille sich gestellt (A)

In Stille sich gestillt (B)

Sich stillend gestellt (C)

Sich gestellt - stillend (D)

A

C   +   **D**

B

Wenn zu Dir die Stille spricht

Wenn zu Dir die Stille spricht,
wirst Du es uns sagen?

Auch
wenn Dir
die Stille bricht,
wirst Du
es
doch
wagen?

Das zu künden, was sich
nur in der Stille rundet und
verbindet, was verwundet,
was gestrandet, was gestundet?

Sei getrost und fürchte nichts!
Auch wenn Du die Stille brichst!

Trotz des Bruches stiller Mündung
stellt sich alles Stille-Sein nach
dem Spruch der stillen Kündung
ungebrochen wieder ein.

Epilog

Bitter-süßer Kelch der Präsentosophia

Bitter-süßer Kelch der Präsentosophia

präsent-sein: Mit Bewusstheit
das Leben als Event erfahren
präsent-sein: In Bewusstheit
das LEBEN als Präsent gewahren
PRÄSENT-SEIN: Ein PRÄSENT sein

In der Welt präsent sein
In ihr ein Präsent

PRÄSENTOSOPHIA
=
Minimal
Message, but
Maximal Massage

In der Reihe Edition LOS sind außerdem erschienen:

(Leseproben bei BoD – www.bod.de und einige Hörproben auf meinem YouTube-Kanal „Lasse Los" unter dem jeweiligen Titel)

Band 1: **Lasse Los: Im Staunen bin ich frei gesetzt**
Gedichte, Lieder, Texte 2001 - Neuauflage 2016 -
BoD, Norderstedt   *Hörproben auf YouTube*

Band 2: **Lasse Los: Verwundert**
Heilsames Misslingen - Testlauf in der Kunst des
Scheiterns - Gedichte und Briefe 2001, erweiterte
Neuauflage 2016 - BoD, Norderstedt

Band 3: **Lasse Los: *R*-AUSGEFLOGEN**
Ein bunter Abgesang auf einen Kreuzweg in und aus
der real existierenden Kirche!   Texte, Gedichte und
Briefe - erste Version 2001 - erweiterte Neuauflage
2016 - BoD, Norderstedt

Band 4: **Lasse Los: Seid ihr noch zu retten?**
Tiefenökologische und spirituelle Gleichnisse als
Music- Textivals - 2001 - erweiterte Neuauflage
2016 - BoD, Norderstedt   *Hörproben auf YouTube*

Band 5: **Lasse Los: Den Umkehr-Blick wagen**
Wort-Bilder und Gedichte - Erstauflage 2016 -
BoD, Norderstedt   *Hörproben auf YouTube*

Band 6: **Lasse Los: ...dennoch JA zum Leben sagen!**
Musik-Text-Collagen zu drei bewegenden tragischen
Schicksalen: Gesine Wagner, Etty Hillesum und Martin
Gray, 2016 - BoD, Norderstedt *Hörproben auf YouTube
unter: „Gesine Wagner: Im Feuer ist mein Leben verbrannt!"*

Band 7: **Lasse Los: Der GEIST weh(r)t (sich,) wo er will!**
Abgesang im Übergang zum Aufgang - oder: Den
Frommen entkommen - oder: Angewidert abgewandt
Kirchenkritische Gedichte und Texte - Erstauflage 2016
BoD, Norderstedt

Band 10: **Lasse Los: ...da muss doch noch LEBEN ins Leben
rein! Liederbuch** - 71 Lieder aus drei Jahrzehnten mit
Noten und Akkordsymbolen - 2017 - BoD, Norderstedt
Hörproben auf YouTube unter: „Bevor es zu spät ist!"

Liebe-Leere-Integral:

Ich schöpfe Liebe aus der Leere